유랑

지혜사랑 311

유랑

김학우 시집

시인의 말

시를 쓴다는 것은 평상시 존재하는 나와 내면에 있는 내가 만나서 대화하는 시간이다. 기존 존재하는 언어들을 내면적인 언어로 재배열하여 나의 감정과 느낌을 표현하는 나만의 돛을 띄우는 시간인 것이다. 쓰는 시가 좋고 나쁘고는 그렇게 중요하지는 않다. 내가 나의 내면을 만나는 아름다운 순간을 정리하는 것이 의미있는 일이기 때문이다. 고등학교 문학반에서 조금씩 습작하던 얕은 실력으로 미국 이민 생활의 시간을 그린 첫 시집을 발간하게 되어 기쁘고 반갑다. 힘든 이민생활에서도 늘 참고 견뎌준 사랑하는 아내와 이 기쁨을 함께 하고 싶다. 제1부의 35편 시들을 제2부에서는 미국 생활의 의미를 더하기 위하여 영어로 번역하여 옮겨 실었다. 나름 소중했으면 좋겠다.

차례

시인의 말   5

1부

2가와 3가 사이 @맨하탄	12
2020 반성문	13
가면	14
개의 해방	15
고향	18
공간이동	19
그 밤 그 바닷가	20
꽃악어	21
나무는 들판을 좋아한다	22
내시의 꿈	23
다람쥐 집	24
달빛 아래서도 꽃은 핀다	25
도마뱀 7월에 죽다	26
도시 풍경	27
돈의 생각	28
돼지의 역설	29
들꽃의 유산	30
바둑이	31

발렌시아에 가을이 오면　　　33

뱀의 혀　　　34

버스 정류장　　　35

비 내리는 샤갈의 마을　　　36

새를 보는 각도　　　37

새와 강　　　39

시월 새　　　40

시월에 뜨는 강　　　41

아기 도마뱀 세상을 보다　　　43

여우도 개다　　　44

외할머니 집　　　45

유랑　　　46

이 가을에　　　47

이브의 가을　　　48

이월　　　49

초월　　　50

하얀 장미　　　51

2부

2020 Letter of apology	54
A bird of October	56
A cityscape	57
A flower crocodile	58
A fox is a dog	59
A rainy village of Chagall	60
A river that rises in October	61
A squirrel house	63
A white rose	64
Baby lizard sees the world	65
Baduk	66
Between 2nd and 3rd streets @Manhattan	68
Bird and River	69
Bus stop	70
Dream of a eunuch	71
February	73
Flowers bloom under moonlight	74
Grandmother's house	75
Hometown	76
In this autumn	77

Legacy of wild flowers	78
Liberation of a dog	80
Lizard dies in July	83
Mask	84
Night in the beach	85
Teleport	86
The angle of watching a bird	87
The fall of Eve	89
The paradox of a pig	90
The thought of money	91
The tongue of a snake	92
Transcendence	93
Trees love fields	94
Wandering	95
When fall comes to Valencia	96

해설 • 경계인의 대화법,
　　유랑의 길과 순수한 꿈을 위한 • 이형권　　97

- **일러두기**

  페이지의 첫줄이 연과 연 사이의 띄어쓰기 줄에 해당할 경우 >로 표시합니다.

1부

2가와 3가 사이 @맨하탄

그 길엔 학교가 있고
노란 가을 나무들이 서 있다
편지를 부치러 가는 날이면 바람이 불었다
불어오는 곳도 모르는 갈증도 함께 불어왔다
날마다 걷는 길은 아니지만
정겨운 고향 들판의 바람을 닮았다
어머니가 서서 기다리던
바람이 소리없이 오는 것 같았다
미소가 닳는 날에는
우체국에 가곤 한다
편지를 부치고
또 그렇게 그 길 위에서
노작거릴 것이다

2020 반성문

한 해가 가고 새해가 온다고 하는데
달도 같은 달이 떴고 해도 같은 해가 떴네요
팬더믹이라고 그렇게 요동치고 난리 치지만
밖을 보니 바람, 구름, 나무, 다람쥐, 하늘
모두 한결같습니다
바이러스를 피하라고 아우성치지만
그저 애매하게 인간들만 피해 다니는군요
간격이 더 벌어졌네요
수없이 버려지는 쓰레기
삐라처럼 뿌려지는 화폐는
미래 세대의 어깨만 짓눌러 놨군요
오늘 우리가 살기 위한 몸부림에 내일이
아프게 다가오는군요
오늘이 지나면
새날이 온다고
우리는 또 난리법석입니다
어떤 때는 다람쥐보다 더 호들갑을 떠는 것이
인간들입니다
지난 한 해 많이 초조했습니다
버려진 쓰레기는 보지 않으려고 했습니다
내가 살기 위해 우리는 서로를 멀리했습니다
이기적이고 배타적인 시간이었습니다
반성합니다 2020

가면

가면을 쓰고 춤을 춘다
춤만 추는 것이 아니라
정치도 하고
종교 활동도 하고
방송도 한다
나는 위대한 지도자요
나는 위대한 목사요
나는 위대한 언론인이요라고 선전도 한다
아랫것들은 그저 굽실거리며 비위를 맞춘다
좋은 게 좋은 거라는
그래야만 살아갈 수 있기에
가면은 유지된다
한두 개의 가면은 다 우리 속에 있기에
벗는 순간이 오는 것을 두려워한다
가면은
그리하여 그냥 쓰면 되고
서로 따져서 불편하게 할 필요도 없고
서로를 토닥거리면서
그렇게 가려주면서
희희낙락거리면서 가면 된다

개의 해방

오늘 외출을 한다
삼일 만이다
목줄과 입마개는 여전히 씌워졌다
태어나서 문 적도 없지만
관성의 힘은 여전히 작동한다

"너흰 물어뜯을 수 있으므로 안전장치가 필요해"

하릴없이
그저 그렇게 보낸 시간들
끌려가기에 바빴던 시간들
삼일 만에 한 번씩 산책하는 것도 주인은 생색 일변이었다

"누가 널 데리고 다니면서 이렇게 시원한 바람을
쐬어주겠니"

사실
이 집에 오고 싶어서 온 것은 아니었다
주인의 선택이 있었을 뿐
더 이상은 아니었다
예뻐해 주고
밥 주고

산책시켜 주고

그래
꼬리 흔들고
재롱부리고
안기기도 하고

순치라 여길 만큼
반항하거나 거역하는 행동은 없었다

주인이 남몰래 발길질할 때도
눈물 훔치며 참았다
좋은 게 좋은 거라기에
주인 욕보이면 안 된다기에

어제는
주인이 유럽으로 여행을 떠났다
몇 주일의 자유가 그렇게 왔다
끓어오르는 삶의 무게
떠나기로 했다

가방을 챙겼으나 특별한 것이 없다

주인이 사준 뼈다귀 장난감 몇 개
그것은 남겨 두기로 했다
좋아하는 척했을 뿐
좋아한 것은 아니었으니까

홀로 선다는 것은
살이 찔 날도
안전할 날도 없지만

어항 속 금붕어의 살찐 눈보다는
산기슭 바삐 기는 송사리의 여윈 눈
사모하며
낯선 길을 떠나고 있다

고향

설렘 내려놓고
떠나버렸던 길

가을 하늘엔 돌개바람 일고
타는 듯한 갈증이 이네

시간 갈수록 쌓여만 가는 통증에
비라도 되면 만날 수 있으려나

아무 일 없이 떠가는 구름아
그 밑을 달리는 새야

오늘은
어디로 가니

공간이동

4층에 사는 어떤 이가 버린 소파를
길 건너 3층에 사는 다른 이가 가져간다
누가 가지고 갈 것 같은 조바심에
소파 안쪽 패드를 먼저 옮겨놓고
그 누군가와 함께 도로 위를 질주해 옮겨간다
어떤 이가 버린 쓰레기가
오늘 밤엔 다른 이의 소망이 되어 있을 것이다
소망과 쓰레기의 접점에서
수신자는 혼란스러울 것이다
버림과 얻음이 심장의 온도에 반비례할 것이다
오늘 밤
인식이 공간이동하고 있다

그 밤 그 바닷가

많은 새들이 날아오르던 바닷가
노을 저녁

홀로
물가에 은빛 새 한 마리

밤이 다하도록
혹시나 올까봐

걷던 발자국 지워질까 봐
부질없는 마음으로 지키던 그 밤 그 바닷가

꽃악어

꽃악어가 섬이 되었다

잠자는 악어
머리와 꼬리 뒤로 두 개의 꽃 더미가 있다
시간이 그들을 묶었다

잠자는 악어는 꽃이다
모양만 악어일 뿐
누굴 괴롭히거나 사냥한 적 없는
그럴 의도도 없었던
애초부터 그 자리에 꽃으로 와서
꽃으로 피었을 뿐

악어가 꽃이 되는 세상
악이 선이 되는 세상
악어는 그런 세상을 꿈꾸며 태어났다

하나의 시간 위에서
꽃과 악어는 선을 이루고
꽃섬으로 자라고 있다

나무는 들판을 좋아한다

나무는 집 안에 있는 것보다 들판을 좋아한다
주인이 물도 주고
영양제도 주고
잘 닦아 줘도
오히려 들판을 좋아한다
모진 바람에 잎이 지고
가지가 찢기어도
들판의 부는 바람에 시원해한다
아무리 주인이 애를 써도
간섭 없이 홀로 서는 것을 좋아한다
오늘도 이는 바람에
몸을 맡긴다
흩날리는
푸르른 그곳에서
표표히 유유자적 달려간다

내시의 꿈

내시도 사랑을 하고 싶었다
힘이 그를 잘라서
권력이 그를 잘라서
사랑을 접었다

내시가 되고 싶어 내시가 된 것이 아닌 것을
세상은 알고

태어나 보니 힘도 없고 빽도 없고 돈도 없어서 이어진 길

궁도 사람 사는 곳
사랑이 왔다
순수로 왔으나
잘려 나간 힘에 절망했다

밤새도록 눈이 내리던 밤에
세상을 끊어버리고
없는 자가 택하는 그런 길을 갔다

세상은 그렇게
큰 힘 앞에서 속절없이 무너져 갔고

오늘도 많은 내시들이 세상살이에 힘겨워 울고 있다

다람쥐 집

앞집에 사는 다람쥐는 20미터 높이 팜츄리에 산다
왜 그리 높은 곳에 사는지
왜 흔한 풀섶에 살고 있지 않은지
궁금하다

10여 미터쯤 되는 높이에서 추락하던 날
잔디밭 아래에서 큰 상처를 입었다
절뚝거리며 주차된 자동차 바퀴 위에 숨었고
짝꿍은 부지런히 내려와 눈치 보지 않고
부축해 올라간다

수직으로 끌어올리는 힘이
그들의 사랑법이었을까

아랑곳하지 않는 이들의 사랑이
해 저물녘 팜츄리 위
보금자리를 튼
그 밤에

휘파람 소리로 날리고 있다

달빛 아래서도 꽃은 핀다

달빛 아래 꽃들과
세월에 헤진 꽃들이 너스레를 떤다

세상은 시끌한데 평안하시냐고

태양 아래 숨죽였던 꽃들
어둠에 피어났던 꽃들
어우러져
그리워했던 날들에
상처 난 왕관을 씌우며
헤진 세월을 깁고 있다

밤의 꽃이라고
어둠 속에서 춤을 추지 말라는 법은 없지

달빛 아래서도 꽃은
피고 지고

밤하늘은
오늘 밤도
가로등을 푸르게 달구고 있다

도마뱀 7월에 죽다

7년을 기다려
7월에 죽었다
등은 검었고 노쇠했다
만나기 전에는 떠날 수 없었던 것일까

잠자는 듯 엎어져 있어
그냥 흙을 덮어 주었다
잘 가라
7년을 기다려줘 고맙다

기다릴 줄 몰랐다
알았다면 좀 더 일찍 왔을 걸
떠날 땐 새끼손가락만한 녀석이
세월을 먹고 검게 늙어 버렸다

녀석이 떠나간 흙 위로
어제는 장미꽃이 피었고
흐르도록 많은 물을 뿌려주었다

도시 풍경

도시 풍경은 늘 고단하다
버려진 소파 조각
어수선한 유선 방송 안테나
빈틈없는 주차 공간
거리에서 잠이 든 사람들
홈리스 여인에 줄메여 끌려다니는
깡마른 강아지
함께 엮여 분주하고 고단하다.
2017년 새해 아침에
베란다 화초에 물을 주었다
소망하는 것과
이루고자 하는 것과
그 외의 것들과 함께
넉넉히 흐르게끔
물을 주었다

돈의 생각

나를 갖기 위해
오늘도 고군분투하고 계신 많은 분들
나 돈이다
내 앞에서 무릎 꿇어라
아니면 간다

돼지의 역설

돼지는 오로지 자기 수만 읽는다
남의 수는 보지 못한다
자기 밥그릇만 열심히 챙긴다
남에게 주는 법이 없다
열심히 먹어서 열심히 큰다
크는 대로 도살장으로 간다
효율성 좋은 돼지가 빨리 죽는 이유다

혼자만 열심히 먹는 돼지를 비난하지 마라
대가는 알아서 치른다

오늘도 돼지는 한눈팔지 않고 열심히 먹고 있다

들꽃의 유산

들꽃은 흐른다

고속도로 옆 유채꽃도
먼 산 위 들꽃도

울퉁불퉁 꾸미지 않은 모양으로
굴곡의 시간을 지나
계곡과 계곡을 넘어
이곳 머나먼 이국땅까지 흐른다

가끔은 노란 낙엽이 되어서
가끔은 푸른 잎이 되어서
어떤 의미도 아닌
그러한 모양으로 와 흐르고 있다

들꽃은 그런 건가 보다

특별한 의미도
만남도 아닌
가벼움으로
우리 삶의 스치는 풍경으로 와
무심히 흘러가고 있다

바둑이

어느 날 바둑이는 필란 집에 혼자 남았습니다
주인님은 2주마다 한 번씩 오신다고 했습니다
집은 5에이커이고
매화나무는 촘촘히 심어졌습니다
밥도 많이 주었고
수돗물도 졸졸 나오게 틀어 놓아
굶어 죽을 일도 목마를 일도 없었습니다
처음엔 신났습니다
신발도 물어뜯고
쥐새끼도 쫓아다니고
나뭇잎도 뒤흔들어 흩어 놓았습니다
넓은 집이 좁아 보였으니까요
주인님이 2주 만에 오시던 날
귀찮기까지 했으니까요
그리고 두어 세 달 흘렀나요
바둑이는 점점 수척해 보였습니다
외로움을 타는 것 같았습니다
넓은 집에서 별로 움직이지도 않는 것 같았습니다
주인님 오시는 토요일 오후를 기다리는 것 같았습니다
오시던 날 엄청 꼬리를 흔들어 댔으니까요
그리고 시간이 또 지났네요
바둑이는 이제 대문 앞에 누워서 잡니다

깜박깜박 졸던 습관이
아예 잠자리가 된 모양입니다
다시 오시던 날
바둑이 눈엔 이슬이 맺혀 보였습니다
그리고 많이 말라 보였습니다
주인님이 안아 주자 그저 그렇게 꼬리만 흔드네요
하루를 머물고 떠난 그다음 날에
바둑이는 그냥 그렇게 앉아만 있습니다

발렌시아에 가을이 오면

발렌시아에 가을이 오면
그라지에 앉아
지나가는 차량과 사람들에게 손을 흔들 거예요
밀렸던 청소도 하고
꽃도 다듬어 주고
지나가는 차량들에게는 손을 흔들 거예요
간혹
같이 손 흔들어 주면
그 안에서 사람 냄새 나는 세상에 더욱 취하게 될 거예요
발렌시아에 가을이 오면
난 두어 시간 그냥 멍하니
구름과 하늘과 나뭇잎 떨어지는 가지를 바라볼 거예요
일주일 밀렸던 근심과 걱정과 사심을
그 안에 가둬둘 거예요
발렌시아에 가을이 오면
지나가는 사람들을 바라보며
지나간 시간과 조용히 친해질 거예요

뱀의 혀

넌 너무 길어서 섬뜩하다
날름거림이 경박하다
빠르게 드나드는 길고 기다란
그 모습
예리한 눈매와 겹쳐
등골 오싹하다
넌 아니라고 주장하겠지만
보는 이들은 섬뜩하다

버스 정류장

어둠은 내리는데
오질 않네요

초겨울 빗줄기 휘감겨 와도
혹여 하는 마음으로
시간만 태우고 있네요

빈 도로 위
무지개 꽃멀미 가득할 때

새벽 종소리만
물빛 잎새 위에
홀로 퍼져 잠드네요

비 내리는 샤갈의 마을

창 열어 푸른 산이 왔다
겨우내 잠자던 가지들이
쏟아지는 비와 함께 왔다
비 내리는 마을은 샤갈을 닮았다
몽환 같은 파란 원색이 샤갈을 닮았다
떠 가는 짙은 비구름도
목말라하는 산등성이 나무들도
샤갈을 닮아
비가 되어 왔다
샤갈의 마을에
봄비 같은 겨울비가
안개 가득
마을을 적시며
흐르고 있다

새를 보는 각도

새라는 것은
항상 올려다봤지
내려다보지는 않았다

오늘
난
그 새를 내려다본다

3층에 서서
2층 나뭇가지에 앉아 있는 새를
내려다보고 있다

내 안의 새는
나보다 항상 위에 있어야 했다.
그런 새를 난 지금 내려다보고 있다

새는
그러나 곧 떠났다
그리 오래 머물지 않았다
나의 응시가 부담스러웠던 것일까?
아니면
관념이 깨지는 것을 두려워했던 것일까?

>
날아가는 새를 난 같은 각도에서
오랫동안 바라봐야 했다
그것은
새와 나와의 관계를
재정립하는 순간이었을 것이다

그 후로
난
다시 날아와 앉아 있는 새를 보지 못했다

새와 강

노파 떠난 강어귀
새 한 마리 날아와
그리운 날갯짓
하루 수만 번

지난밤
천둥번개
비바람 휘젓다가
날갯깃 상처 입어
오두막집 처마에 잠들었다

고독한 안개가 강을 뒤덮고
강을 건너야 하는 작은 새는
깃이 꺾인 채

기다림의 강만
건너고 있다

시월 새

시월
강 너머로
새 한 마리 날아갑니다

울지도
웃지도 않는 새 한 마리 날아 갑니다

무슨 사연이냐고
강가의 노파가 물어봤지만
그저 그런 사연으로 날아간다고 합니다

세월이 아픈 건지
새가 아픈 건지

하늘엔 푸른 바다와
강줄기 무심히 흘러가지만

눈물 켠 새 한 마리
시월 어느 강 골짜기 위를
홀로 날아가고 있습니다

시월에 뜨는 강

달마중 가는 아이
횃불 들고 강가로 가는 아이
찌그러진 달을 감상하는 아이

시월에 뜨는 강은
온통 시끌하였다
그래서 아이들은 햇볕처럼 반짝이었다

사랑을 하다 앓아 죽은 처녀의 이야기는
아이들의 입을 타고 열녀라 칭해졌다
그래서 아이들은 사랑을 미워했다

날마다 강은
달에서 흘러내린 샘물을 조금씩 마셨고
강과 달은 어둠을 새에 두고 소근거렸다
그 후로 아이들은 강과 달과 어둠이 시가 되길 원했다

강가에다
순애의 묘령제를 올리던 날
아이들은
시월에 뜨는 강은 아름답다 하였다

>
불씨가 확 오른다
달마중 가는 중이다

아기 도마뱀 세상을 보다

높은 곳에 서면 세상이 너무 멀리 있습니다
점점이 있을 뿐 잘 보이지가 않습니다
낮은 곳에선 앞이 꽉 막혀 있습니다
숨이 막혀 옵니다
하늘엔 까마귀 떼 날고
피해 보려 발버둥 치지만
만만치 않습니다
오랫동안 고개를 세워야 할 수 있는 일
쉽지가 않습니다
그냥 풀섶만 달립니다
애꿎은 개미 떼만 훑어 먹습니다
의미가 있어서 하는 일이 아닙니다
이렇게라도 하지 않으면 견딜 수가 없기 때문입니다
세상은 큰 놈에 도전하라고 외치지만
그러기엔 너무 작고 보잘 것이 없습니다
할 수 있는 일은
그저 풀섶을 달리고 달릴 뿐입니다

여우도 개다

여우도 세상 안에 있으면 개다
여우도 사람 안에 안기면 개다
생긴 모습도 개다
농부의 여우는
재롱도 피우고 꼬리도 흔든다
들판에 나가지도 않고
집에서 잔다
야생에서
게걸스럽게 먹던
여우도
개 같이 먹여주고
개 같이 사랑해 주면
개다

외할머니 집

외할머니 집은
새벽안개 이는 논두렁 지나
어머니 그림자 있는 곳

딸기
머루
고야 나무가
엄마 찾는 송아지와 함께 잠들던 곳

오늘 그곳에 갑니다

꿈길로만 다니던
그 집에
오늘
갑니다

유랑

아무것도 하지 않던 날

빛의 세계에서
빛을 볼 수 없어 혼란스러웠던

시간은 얼마만큼이나
덜컹거리는 마차에 매달려 갈 만큼 갔건만
여전히 흔들리는 추

삶이란 다 그런 거지 하며 위안을 해봐도
반복적으로 엄습해 오는 짓눌림으로
항복하고 또 하고
돌아와 원점

우리가 가는 곳은
우리가 정착하는 곳은 어디인가라는 물음표 앞에
유랑의 발걸음은
또 하루를 연다

이 가을에

가을이 오면
해진 티셔츠처럼
상념과 고독으로 생각이 탄다
큰 산 삼킬 듯
헛소릴 터트려도 정답은 없다
낙엽이 예쁘니
그것이 가을인 줄 알고 살았다
덧없다 하면서도
물러서는 것
주는 것은 싫었다
떠남의 의미를 배울 즈음
가진 것이 없음을 무심히 알아버렸다
세모 같기도 네모 같기도 한
묘한 마수걸이
쌓지 말라고 경고한다
낮에도 달은 오고 낙엽은 지고
언젠가 또 질문을 하겠지
가을은 어떤 의미냐고
우리 걸어가는 이 길에

이브의 가을

사과를 따던 날
세상은 온통 푸른 꽃
유혹의 중앙에서 춤을 추었다

향기에 취하던 밤

이별의 아침이
끝없는 터널을 지날 때

바람은 불고
낙엽은 겨울의 입구에 서 있었다

어디로 가야 하는 것일까
지친 발걸음

세상은
온통
유혹으로 물들었는데

이월

이월에
배꽃이 진다

살아온 시간표가 초라한
이월의 어느 밤에
배꽃이 날리고 있다

나무 위 달이
전봇대 위로 멈추던 시간에
상념에 시든 꽃들이
세상으로부터 낙하하고 있다

무엇이 그리도 다급했던 것일까

잠시 빈틈은 없었던 것일까

잠잠하던 꽃잎조차
이월의 공간으로 떨어진 것은
어떤 힘이었을까

초월

달에게로 가는 역은 어디 있는가

닿을 수 없어 서 있던 시간들

기차는 밤길을 돌아
섬마을을 지나고 있는데
마치 꿈길인 것 같아

천년을 지킬 것 같던 시간들
그 앞에서 우쭐했지만

이제는 안다
그 시간들도 돌아가고 있음을

밤길을 디뎌
푸른 달에게 미소 짓던 시간도
떠내려간 강물 같은 것이었음을

알고 있다
달에게 가는 기차는 오늘 밤도 들어오지 않음을

하얀 장미

꽃이어도
상여를 타 슬픈 꽃 하얀 장미
가려고 하네

떠나기엔 아픈 마중 길

바다 풍경 소리 위로
기러기 쉼 없이 주유하건만

먼발치 가는 그리움에
외로움만 짙어져 가네

꽃이어도
상여를 타 슬픈 꽃 하얀 장미
아름다움의 끝에서 흔들리다
눈물로 잠드네

2부

2020 Letter of apology

People are clamoring that the year is gone and new year is coming

However, the moon is the same, and the sun is also same one

During the pandemic period, the winds, clouds, trees, squirrels, and sky are

not changed without any transformation

Only people are clamoring to avoid the virus and to avoid each other for safety

The gaps between people have been deepened because of pandemic disease

Countless wastes are thrown away in the streets, and lots of money as a subsidy

are given to people like propaganda leaves

Because of those activities, people themselves are weighing down

the shoulders of future generations

Tomorrow will be coming in pain because of our today's selfishness

After today, a new day will be also coming, and people are making a fuss again

Sometimes, we do make a fuss more than squirrels

We were very nervous last year
We didn't want to look at the trashes being thrown away
We kept away each other for safety
It was our selfish and exclusive time
I reflect on myself of 2020

A bird of October

Over the river of October
A bird is flying away

The bird not crying and not smiling
is just flying away

An old woman by the river asked about reason,
but the answer was not clear

That is mysterious
whether time hurts or the bird is sick

There's a blue sea in the sky
The river stream flows without any thought

A bird with tears in its eyes is
lonely flying away above the valley of a river of October

A cityscape

Cityscape is always weary coming from the discarded piece of sofas,
the cluttered wired broadcasting antennas,
and the tight parking spaces
People sleeping on the street,
and a homeless woman's the strapped skinny puppy
are weaving together
They are producing a busy and tired moment each other
On New Year's Day of 2017,
I watered the veranda plant to flow much enough
with what I wish for achieving somethings

A *flower crocodile*

Crocodile has turned into an island

A crocodile is sleeping,
and there are two piles of flowers
behind the head and tail
Time bound them together

A sleeping crocodile is a flower
She has never bullied or hunted anyone
She came as a spot of blooming with a flower

In a world where crocodile becomes flower,
and a world where evil is good,
Crocodile has bloomed such a world

In the line of same time,
flower and crocodile have made the good ones, and
have grown like a flower island

A fox is a dog

A fox is a dog when she is within the world
A fox is a dog which she is held in mankind
The appearance resembles a dog
The farmer's fox is acting cute,
and wagging a tail
Farmer's a fox does not go out to the coarse field
She sleeps at home, and
is not gobbling up in the wild
If feeding a fox like a dog,
and loving her like a dog,
a fox is a dog

A *rainy village of Chagall*

A blue mountain came through the window
The branches being slept during the winter
Came with pouring rain
The rainy village resembles Chagall
The dreamy blue - color resembles Chagall
Even the thick clouds of rain drifting away
And the thirsty-like ridges
Came to become Chagall
It has been raining
In the village of Chagall
It is like spring rain
With full of fog
Drenching the village and flowing its world

A river that rises in October

A child who goes to meet the moon
A child on his way to the river with a torch
A child enjoying the dwindled moon

The river that rises in October
Was all noisy
So, children glistened like the sun

The story of a girl who died of falling in love
Was called a virtuous woman through the lips of people
So, children hated the love

Every day
The river drank a little bit of spring water from the moon
The river and the moon murmured each other in the darkness
So, children wanted the river, moon, and darkness to be a poem

On the day of the memorial service for pure love by

the river

Children praised that the river risen in October was beautiful

The spark rises in the sky, and
Children are on the way to meet the moon

A squirrel house

The squirrels in the front house live in the 20 meters high palm tree
I wonder
Why they live in such a high place
Why they do not nest on common grasslands

One day a squirrel fell from about 10 meters high
She got a big wound near the grass, and
Hobbled and hid on a parked car's wheel
Her partner is fast coming down from the tree
And helping her to go up without looking at anyone
The vertically raised power must have been their love method

The love method that does not consider other people's eyes
Is beautifully flying over the palm tree

A white rose

It is a flower held with a bier
It is so sad white rose
To go away

It is a painful path
To greet people to leave

Above the sound of the ocean scenery
The geese are flying without taking a rest

In the longing for a long way to go
It is getting lonely deeper

Even though it is a flower, but
A sad flower, a white rose on a bier

Being shaken at the end of beauty
She is falling asleep with tears

Baby lizard sees the world

Standing on high ground
The world is too far away, so
It cannot be seen well
There are a lot of traffic in front of low places
It might be suffocating things
Crows fly in the sky, and
Baby lizard is struggling to avoid it, but
It is not easy to keep the head up for a long time
Lizard just runs around the bush, and
Eats only ants
She does do these things without any meanings
If she does not do these things
She cannot endure the hardship situations
The world cries out for challenging to meet the big guy, but
She is too small and insignificant to do that
What she can do is
Just running on the grass

Baduk

One day, a dog named Baduk was left alone at Phelan's house
The owner said he would come every two weeks
The house is 5 acres
The apricot trees are densely planted
Owner gave her a lot of food, and
Kept the tap water on
Not to starve to death or get thirsty
She was excited at first
She bit off her shoes
She chased after a rat
She shook the leaves back and scattered them
The big house looked small
The day the owner came after 2 weeks
It was annoying to her
And it has been a couple of months
She looked gaunt, and
Felt lonely
She didn't seem to move much in the spacious house
It seemed like she was waiting for Saturday afternoon
When the owner came

She wagged her tail a lot
And time passed again
She slept in front of the gate
It is like a bed being used to doze off
The day owner came back again
Her eyes were wet, and
She looked skinny
When the owner gives her a hug, she is just wagging her tail
The day after owner stayed for a day
Baduk is only sitting in the spot
With long back images

Between 2nd and 3rd streets @ Manhattan

There is a school on the road
Yellow autumn trees are standing there
The day was windy, and I went to mail a letter
I didn't even know where it blew, and
Where thirst came from
It is not a daily walking road,
But it resembles the wind coming from my hometown
It reminded me of my mother waiting for me
The wind seemed to come silently
When the smile wears out
I often go to the post office
And I am going to take a stroll meaninglessly

Bird and River

In the estuary that an old woman left
A bird is flying in
Long-lasting winging, and
Yearning for tens of thousands of times a day

Last night
During the thundering and lightening
In the midst of the rain and wind
The bird sleeping in the eaves of the cabin
Gets her wings hurt

A lonely mist covers the river, and
A bird crossing over the river is waiting a day
With her collar bent

Bus stop

Even the darkness falls
Dream is not coming

Even if winding the rain in the early winter
With a feeling of concern
He is just burning the time

On an empty road
The rainbow flower is full of motion sickness

In the early morning bell
It's spreading alone and falling asleep
On the leaves of water

Dream of a eunuch

Eunuch wanted to make love, but
He gave up his love
Because of power cutting him off and apart

There is no wish to be a eunuch
Everyone knows he did not want to be a eunuch
He was born, but
He had no power, no good background, and no money
So, he accepted his given way

Someday, love comes to him where he lives in a palace
It comes in the purity, but
He despaired at the strength being cut off

On a snowy night
He cut off the world, and
He went the way choosing those who do not have anything

It seems to be collapsed in the face of great power

>
Many eunuchs are crying nowadays, because of
Suffering a hard time caused by the tough world

February

In February

The pear blossoms are falling
With a poor living timetable, and
On a night of February
Pear blossoms are scattering

In the moon on the tree, and
At the time stopped over the telephone pole
Flowers withered by thoughts
Are falling from the world

What was so hurried?

Was there a moment having a break?

The quiet petals are falling into the space of February
What kind of strengths are Impacting on there?

Flowers bloom under moonlight

    Flowers under moon and many-years faded flowers
are fluttering

    The world is noisy, but asking
you are at peace

    Flowers that held their breath in the sun
Flowers blooming in the dark
Are counting their dreams in harmony, and
In the days that missed with the wound crown

    Even flower of the night can dance in the dark

    Under the moon
Flowers bloom and fall

    Today as well
The night sky is coloring streetlight greenly

Grandmother's house

My grandmother's house is that
The early morning fog passes through the paddy fields
Where my mother's shadow is

The house is with strawberries, wild grapes, and plum trees, and
A calf looking for a mother falls asleep together

I am going there today

It has just been the dreamy way at night

Today
I am going to the house to meet my mother' shadow

Hometown

I left my hometown
Behind fluttering mind

There is a stone-like breeze in the autumn sky
I am feeling a burning thirst

The pain keeps building up as time melts
If becoming rain, there might be to meet it

Clouds are going off lazily, and
Birds are flying underneath them
Today
Where are you going?

In this autumn

When autumn comes
Like a worn-out t-shirt
My existence is burning with thoughts and solitude
There was no right answer, and in vain
Even if having a courage to burst out and to swallow a big mountain
Fallen leaves are pretty, so
We lived thinking it was autumn
Even thinking that life is fleeting
There was no considering about stepping back, and
Giving belongings to others
Around the time of learning the meaning of leaving
Many people realized that they had not have anything
In the world
Like a triangle, a square or a strange charade
There is warning us not to stack up
During the day
The moon is coming and the leaves are falling off
We will ask in someday
What fall means to us
On the way we are walking

Legacy of wild flowers

Wild flowers flow

With canola flowers next to the highway, and
Various flowers on the far mountain

In an unadorned manner,
After a period of long-hardship, and
Over the valleys and valleys
It flows all the way to this faraway foreign land

Sometimes, it became yellow defoliations
Sometimes, it became green leaves

It did not mean anything
What they look like is just flowing

Wild flowers are just like that!

It does not mean anything special, and
It is not a special meeting

With a light touch

They come to our lives, and
It flows all the way to the distant mountains

Liberation of a dog

I am going out today
It has been three days to go out
The leash and muzzle are still covered
Even I have never tried to bite someone since I was born
The force of inertia still works

"You may bite, so you need to install a safety device"

I spent time without thinking, or
Pondering about the future, but
The time was just dragged away

Taking a walk with the owner once every three days was taken credit

"Who will take you around and give you this cool breeze?"

Actually
I didn't come here with my own will
It was just the owner's choice

There was no more beyond

The owner adored me, gave me food, and took me for a walk

So, I was wagging a tail, acting cute, and hugging him, too
There were no defiance or rebellion to him
Even when the owner secretly kicks me,
I held back tears and wiped away unknown to others
I did not want to insult him
Because it is good to be good

Yesterday
The owner went on a trip to Europe
And the freedom for weeks came to me
I decided to leave my home behind the boiling weight of life

I packed my bag, but there was nothing special
I left some bone toys my owner bought me

I just pretended to like them but actually I didn't like them

To be life alone
There might be no wealth, and
There might be no safety zone

By the way
I am leaving out to the unfamiliar path
To admire the thin fish living in the mountain
Rather than the fat eyes of the goldfish in the fish tank

Lizard dies in July

Little lizard waited seven years, and
She died in July
Her back was black and old
She could not have left the living place
Before we meet each other

She fell down like sleeping
I covered her body with dirt
Goodbye my lizard
Thankful for your waiting for 7 years

I did not expect for the lizard to wait for me
If I had known it, I would have come earlier

When I left my home
She was in the size of a little finger, but
She has been changed old and black

Yesterday
Roses bloomed well

On top of the dirt that she has gone, and
Lots of water has been spreading on her memory

Mask

Somebody dances with the masked
Somebody is doing politics
Somebody is doing the religious activities
Somebody is doing broadcasting, too
They pretend to be a great leader, a great pastor, and a great journalist
The subordinates are just flattering and pleasing them
Good things are good ones
That is the way they live
So, the mask is being maintained
At least some masks are existing in all of us
So, it will be afraid of the moment of taking the mask off us
We don't have to argue with each other, and
We don't need to make each other uncomfortable
Because we are all in the masked in some respect
We just cover up, and just enjoy the mask as being covered
That's the way we are living

Night in the beach

A beach where many birds are flying
Above sunset evening

Alone
A silver bird by the water

To the end of the night
Just in case somebody comes

Being afraid of erasing footprints walking together
The night, the beach being kept with a vain heart

Teleport

Someone on the 4th floor threw away couch
The other guy on the third floor across the street takes it
Other guy moves the pad inside the couch first with impatience
Before somebody takes the couch
Tonight
The trash that someone threw away
Will be someone else's wish
At the point of contact between hope and garbage
The recipient will be confused
According to the temperature differences of their heart
Abandonment and gain will be inversely working
Tonight
Awareness is shifting in space

The angle of watching a bird

The bird is always the looked- up existence
We are not looking down at it in the real world, but
Today
I am looking down at the bird

Standing on the third floor
I look down at
A bird sitting on a tree branch on the second floor

The bird inside me always had to be above me
But I am just looking down at a bird

The bird left soon, and
It does not take long
Was my gaze burdensome?
Or, Was she afraid of breaking ideology?

I had to look at the flying bird
For a long time at the same angle as me
It was the moment of re-establishment of relationship
Between the bird and me

After that
I did not see the sitting bird coming back

The fall of Eve

The day I picked an apple
The world was all blue flowers
I danced in the center of temptation

In a night saturated with the scent

In the morning of farewell
I passed through the endless tunnel

It is windy, and
The fallen leaves stood at the entrance of winter

Where should I go with exhausting steps?

Though the world is in all temptation

The paradox of a pig

Pigs calculate only their own advantages
They can't see anyone else's mind
They only take care of their own foods
They never give their foods to others
They eat a lot, so
They are growing fast
They go to the slaughterhouse as soon as they grow
That is why efficient pigs die fast

Don't blame pigs for eating foods for themselves only
They will pay for it on their own price

Even Today,
Many pigs are eating greedily

The thought of money

Those of you who are working hard today for possessing me
  I am money
  Give up your dignity in front of me, or not
  I will go away

The tongue of a snake

It is so creepy and frivolous
Because of its long-size tongue's gesture
It feels a chill
Because of its fast way in and out
It overlaps with the sharp eyes
So, it looks like transferring dreadful feeling to backbone side
Snake insists it is like a prejudice
But the viewers are appalled from its motion

Transcendence

Where is the station to the moon?

The times when I could not reach out to

The train goes around the night
Passing through an island village
It is like a dream way

I was flattering in front of
The times seeming like keeping for a thousand years

However, I know
The time is not going back

On walking of night, and
At the time smiling at the blue moon
Those were just like a washed- away river

I now realize
The train going to the moon will not come in tonight
Either

Trees love fields

Trees love fields more than being in the house
Even the owner gives water and nutritional supplements, and
Wipes well
They rather love the fields
The leaves fell in and the branches rip away
Because of severe wind, however
Trees love fields
No matter how hard the owner tries to keep them inside
Trees love standing alone without any interference
Today
Trees left their bodies to fields with the flying wind
And in the green fields
They are just running freely without any restraint

Wandering

The day I don't do anything

In the world of light
I was confused because of not seeing any light

Time was passing away too much
Hanging on the rattling wagon, but
It is a still-shaking pendulum

I comfort myself that life is just life, but
The repeated pressure has come through to me, and
I surrender its pressure repeatedly everyday
Going back to same spot

With the questions
Where we are heading to
Where we are going to settle down

Wandering steps open a new day

When fall comes to Valencia

When fall comes to Valencia
Sitting on the garage
I am going to wave at the passing cars and people
I am cleaning up the pending garbage and trimming the flowers, too
I am going to wave at the passing cars with joy
If someone waves his hand to me
I'll get soaked on a world that smells like a human being
When fall comes to Valencia
I am spending out for a couple of hours without any thinking
I am going to look at the clouds, the sky, and the branches falling off the leaves
I am going to take into custody of my worries, fears, and self-interest in it
When fall comes to Valencia
Looking at the people passing by
I'll become friends with the past time quietly

해설

경계인의 대화법,
유랑의 길과 순수한 꿈을 위한

이형권 문학평론가

경계인의 대화법, 유랑의 길과 순수한 꿈을 위한

이형권 문학평론가

날마다 강은/ 달에서 흘러내린 샘물을 조금씩 마셨고/ 강과 달은 어둠을 사이에 두고 소곤거렸다/ 그후로 아이들은 강과 달과 어둠이 시가 되길 원했다
— 김학우, 「시월에 뜨는 강」 부분

1. 나와 대화하는 나

김학우 시인은 이렇게 말한다. "시를 쓰는 것은 평상시 존재하는 나와 내면에 있는 내가 만나서 대화하는 시간이다."(『자서』) 이 문장에서 "평상시 존재하는 나"는 일상적, 현실적 자아이고, "내면에 있는 나"는 심미적, 이상적 자아이다. "시를 쓰는 것"은 이들 두 자아가 "대화하는 시간"이라는 것이다. 이때 "대화"는 현실에 지친 자아가 내면 깊숙이 간직하고 있던 자아를 만나는 일이다. 이 만남

은 현실의 만남과는 다른 것으로서 숭고한 정신이나 순수한 영혼과의 동화를 전제로 한다. 이 만남으로 현실의 자아는 비루하고 속된 존재에서 성스럽고 아름다운 존재로 다시 태어난다. 시는 이러한 만남을 가능케 하면서 자아의 재발견 혹은 자아의 승화를 위한 통로 구실을 하는 것이다. 김학우 시인에게 "시를 쓰는 것"은 이처럼 내면의 발견을 통해 새로운 "나"를 창조하는 일이다.

그렇다면, 김학우 시인이 대화의 주체로 내세운 현실의 "나"는 누구인가? "나"의 정체성은 무엇보다도 미국에서 살아가는 한인 디아스포라라는 점에서 찾을 수 있다. "나"는 모국을 떠나 머나먼 미국 땅에서 이민 생활을 하는 한인 교포로서 이산離散의 아픔을 겪고 있는 존재이다. "나"는 자발적으로 이민을 선택했다고 해도 외롭고 고달픈 유랑의 삶을 살 수밖에 없는 사람이다. 그래서 "나"의 내면은 항상 향수, 상실감, 소외감, 경계 의식, 혼종성 등이 가득 차 있다. 여기에 모순으로 가득 찬 세상을 향한 비판 정신, 순수한 꿈과 희망의 추구, 자아 성찰 등의 요소가 덧보태져 있다. 이 시집의 시편들은 현실의 "나"가 이러한 내면세계의 "나"와의 내밀한 대화를 기록한 서정적인, 아주 서정적인 언어로 구성되었다. 이러한 특성은 시가 기본적으로 주관적 양식이라는 점에 적실하게 부합한다.

시는 주관적인 양식이라는 사실은 다른 문학 양식과 비교할 때 더 선명해진다. 소설이 서사, 희곡이 행동을 통해 이루어지는 객관적 양식이라는 점과 구분된다. 시는 외부세계의 객관적 사실을 단순히 묘사하는 것이 아니라, 시인의 개인적 체험을 바탕으로 한 자신의 감정, 생각, 상상을 압축적인 언어로 표현하는 언어 예술이다. 시는 궁극적으로 내면과의 대화로서 세상과의 소통 이전에 내 마음의 깊은 곳을 향해 말을 건다. 세상에 대해 말할 때도 내 안에 간직한 나의 세계관과 인생관이라는 정신의 스펙트럼을 거친다. 일상에서 쉽게 지나칠 수 있는 감정과 생각의 파편, 기억의 잔상, 설명할 수 없는 불안과 기쁨, 슬픔과 희망 같은 것들을 담아낸다. 시는 나의 내면에 숨겨져 있던 내 안의 목소리, 내면의 진실을 대면하게 해 주는 것이다. 때로는 자기 자신도 알 수 없었던 영혼의 모습이 시의 얼굴로 나타난다. 이 시집의 시편들이 그렇다.

 김학우의 시인은 또 이렇게 말한다. "쓰는 시가 좋고 나쁘고는 그렇게 중요하지는 않다./ 내가 나의 내면을 만나는 아름다운 순간을 정리하는 것이 의미 있는 일"(「자서」)이다. 사실 시라는 것은 "좋고 나쁘고"의 대상은 아니다. 그것을 가르는 객관적인 기준도 없다. 어떤 사람에게 좋은 시가 다른 사람에게는 나쁜 시가 될 수도 있다. 어떤 사람은 감동적으로 읽은 시가 다른 사람에게는 무의미하게 여겨질 수도 있다. 일찍이 칸트가 아름다움을 주관 취미라고 정의한 것은, 시가 지닌 이러한 특성과 무관하지 않다. 따라서 이 시집을 읽는 방법은 김학우 시인이 포착한 "나의 내면을 만나는 아름다운 순간"을 있는 그대로 바라보는 것이다. 객관적인 호오나 시비, 우열을 가릴 의무는 없다. 그 "순간"의 시에 공감이나 감동을 한 것인지 말 것인지는 독자들의 주관 취미에 달려 있기 때문이다. 다만, 이 글을 쓰는 '나'는 그 "순간"이 어떻게 형상화되고 있는지 궁금할 따름이다.

2. 유랑의 길, 이방인 의식과 편지의 서정

김학우 시인은 2000년에 미국으로 이주하여 살아가고 있다. 짧지 않은 시간을 미국이라는 낯선 땅에서 경계인으로 살아온 것이다. 경계인은 외국에 이주하여 살지만 모국과의 연대감 속에서 살아가는 디아스포라이다. 그는 모국과 이국의 사이에서 혼란과 방황을 겪기도 하지만, 궁극에는 새로운 정체성을 모색하면서 살아가고자 한다. 김학우 시인이 왜, 어떻게 미국으로 이주했는지 구체적인 이유는 알 수 없다. 아마도, 미국에서 박사 학위를 취득하고 교수 생활을 한 것으로 볼 때 학업과 취업을 위해 도미를 한 듯하다. 그런데 그의 시를 읽어 보면 그가 미국으로 간 것은 현실적인 이유 외에 더 근본적인 이유가 있는 것으로 보인다. 그것은 변화 없는 관습적인 삶을 벗어나서 더 자유롭고 순수한 삶을 위한 열망 때문이었던 것으로 읽힌다. 가령 「새를 보는 각도」는 기존의 질서나 관념에서 벗어나 새로운 세계를 추구하고자 하는 마음이 드러난다.

새라는 것은
항상 올려다봤지
내려다보지는 않았다

오늘
난
그 새를 내려다본다

3층에 서서
2층 나뭇가지에 앉아 있는 새를
내려다보고 있다

내 안의 새는
나보다 항상 위에 있어야 했다.
그런 새를 난 지금 내려다보고 있다

새는
그러나 곧 떠났다
그리 오래 머물지 않았다
나의 응시가 부담스러웠던 것일까?
아니면
관념이 깨지는 것을 두려워했던 것일까?

날아가는 새를 난 같은 각도에서
오랫동안 바라봐야 했다
그것은
새와 나와의 관계를
재정립하는 순간이었을 것이다

그 후로
난
다시 날아와 앉아 있는 새를 보지 못했다
―「새를 보는 각도」 전문

이 시에서 "나"는 "3층에 서서/ 2층 나뭇가지에 앉아 있는 새를/ 내려다보"고 있다. 이 경험은 새로운 것이다. 언제나 올려다보기만 했던 "새"를 처음으로 내려다보게 한 것인데, 이 경험을 통해 "나"는 기존의 관념과 세계에 대한 새로운 생각에 도달한다. "나"가 지금까지 고수해 왔던 "내 안의 새는/ 나보다 항상 위에 있어야 했다"라는 기존의 생각에 변화가 온 것이다. 즉 "새와 나와의 관계를/ 재정립하는 순간"이 온 것인데, 이 변화는 단지 "나"의 시선이 바뀌었다는 물리적 차원에 그치지 않는다. 그것은 인생과 세상을 바라보는 새로운 "각도"를 확보했음을 의미한다. 높은 곳의 "나"가 낮은 곳에 있는 "새"를 바라보면서는 세계를 바라보는 새로운 가치관을 터득한 셈이다. 이것은 "나"가 기존의 질서와는 다른 새로운 진리를 만나는 에피파니epiphany의 순간이다.

　에피파니는 진리에 대한 순간적 깨달음을 뜻하는 것이다. "새"를 내려다보는 새로운 "각도"의 시간은 "오래 머물지 않았다", "다시 날아와 앉는 새를 보지 못했다"라고 말하는 이유이다. 이 짧은 순간의 사건에서 발견한 새로운 진리는 "나"와 타자와의 관계, 현실과 이상과의 관계, 인간과 인간 혹은 다른 생명과의 관계 등이 포괄되는 것이다. 가령 생각의 "각도"를 달리 하면, "나"와 타자를 주종 관계나 우열 관계로 보던 기존의 관념을 벗어나, 둘 사이를 평등한 관계, 대등한 관계로 볼 수 있게 된다. 이처럼 「새를 보는 각도」는 시선을 바꾸는 단순한 행위가 곧 세계를 새롭게 인식하는 계기가 될 수 있음을 알려준다. 이 시는 또한 시적 자의식의 차원에서 김학우 시인이 자신의 시 창작 행위를 자각, 성찰한다고 읽는 것도 가능하다. 시에서 나와 언어, 세상에 대한 새로운 시각의 중요성을 인식하고 있기 때문이다.

  앞서 말했듯이, 김학우 시인이 이민자의 삶을 선택한 것은 항상 새로운 세계를 지향하고자 하는 마음과 깊이 관련된다. 이민은 낯선 환경에서 새로운 시작을 의미하는데, 그 과정에서 여러 가지 시련과 역경을 겪기 마련이다. 하지만, 이민자의 삶이 지니는 가치는 그러한 시련과 역경을 극복하면서 강인한 생존력과 개척정신을 기른다는 데 있다. 이민자의 삶은 두 문화, 두 사회 사이에서 살아가며 자신의 정체성을 새롭게 인식하게 한다. 현지의 새롭고 다양한 문화를 경험하고, 세계 시민으로서의 시각을 넓히면서 살 수 있기에, 이민자로서 겪을 수밖에 없는 시련과 역경은 충분히 극복할 만한 가치가 있는 것이다. 이러한 사정은 「유랑」을 비롯하여 여러 시편에서 형상화되고 있다. 구체적으로는 유랑하는 존재로서의 정체성에 관련되는 떠남과 상실, 시련, 고향에 대한 그리움 등을 자주 보여준다.

    아무것도 하지 않던 날

    빛의 세계에서
    빛을 볼 수 없어 혼란스러웠던

    시간은 얼마만큼이나
    덜컹거리는 마차에 매달려 갈 만큼 갔건만

여전히 흔들리는 추

삶이란 다 그런 거지 하며 위안을 해봐도
반복적으로 엄습해 오는 짓눌림으로
항복하고 또 하고
돌아와 원점

우리가 가는 곳은
우리가 정착하는 곳은 어디인가라는 물음표 앞에
유랑의 발걸음은
또 하루를 연다
—「유랑」 전문

  이 시는 "유랑"하는 삶의 동기와 현실에 관한 이야기를 전하고 있다. "유랑"을 시작한 것은 "아무것도 하지 않던 날"의 무기력했던 날들 속에서 "빛의 세계에서/ 빛을 볼 수 없어 혼란스러웠"기 때문이다. 아마도 세상은 "빛의 세계"처럼 생동하는 상황이지만, "우리"는 그러한 "빛을 볼 수 없"기 때문에 다른 세상을 향해 "유랑"을 떠난 것이다. 그런데 "유랑"의 현실은 적지 않은 "시간"이 흘러갔음에도 불구하고 "덜컹거리는 마차"를 탄 듯이 불편하고, "여전히 흔들리는 추"처럼 갈필을 잡기 힘든 상황의 연속이다. "반복적으로 엄습해 오는 짓눌림"으로 인해 "항복"을 반복하면서 살아갈 뿐이다. 결국 "원점"으로 돌아간 듯 "유랑"을 시작하던 시기의 낯설고 힘겨운 현실을 맞이하고 있다. 그러나 중요한 것은 "우리가 정착하는 곳은 어디인가라는 물음표"를 놓치지 않고 살아가고 있다는 사실이다. 이 "물음표"는 김학우 시인이 간직하고 사는 "유랑"인 혹은 경계인으로서의 자의식을 의미한다. "유랑"하는 이민자로서의 고달픈 운명을 지녔음에도 불구하고, 그 운명을 기꺼이 견인하면서 "또 하루를 연다"라는 것이다. 이 시는 삶의 불확실성과 방황, 반복되는 무력감 속에서도 계속해서 살아가야 하는 "유랑"하는 인간의 운명을 그리고 있다. 이 운명의 주인공은 물론 김학우 시인이다.

「유랑」은 떠도는 존재로서 겪을 수밖에 없는 혼란과 좌절을 노래하고 있지만, 그러한 삶을 있는 그대로 수용하면서 담담하게 다시 하루를 시작하는 유랑인의 모습을 보여주고 있다. 이러한 삶은 쫓겨 사는 피동적인 삶이 아니라 새로운 삶을 위해 자발적으로 선택한 삶이라는 점에서 창조적 가치가 있다. 하이데거나 메를로 퐁티와 같은 현대 철학자들은 유랑을 귀향과 대비되는 새로운 삶의 한 방식으로 규정한다. 즉 인간은 본질적으로 정착이 아니라 떠남 혹은 벗어남을 통해 자기 자신과 세계를 새롭게 만난다고 주장한다. 유랑은 고정된 정체성이나 장소에 머무르지 않고, 끊임없이 자신을 재구성하고 타자와의 관계 속에서 자신을 발견하는 과정이다. 유랑은 또한 기존의 틀과 경계를 벗어나 자유롭게 사고하고, 새로운 것을 창조하는 힘을 상징한다. 예술과 철학에서 유랑적 시선은 고정관념을 흔들고, 다양한 관점과 해석을 가능하게 한다. 그래서 "어항 속 금붕어의 살진 눈보다는/ 산기슭 바삐 가는 송사리의 여윈 눈/ 사모하며/ 낯선 길을 떠나"(「떠나기로 했다」)는 것이다.

그런데 유랑하는 삶의 길에서 빈도 높게 마주치는 것이 고향에 대한 그리움이다. 향수는 "들꽃"처럼 "울퉁불퉁 꾸미지 않은 모양으로/ 굴곡의 시간을 지나/ 계곡과 계곡을 넘어/ 이 곳 머나먼 이국땅까지"(「들꽃의 유산」) 흘러온 이민자의 삶을 성찰하면서 삶의 뿌리를 찾아보는 일이다.

> 그 길엔 학교가 있고
> 노란 가을 나무들이 서 있다
> 편지를 부치러 가는 날이면 바람이 불었다
> 불어오는 곳도 모르는 갈증도 함께 불어왔다
> 날마다 걷는 길은 아니지만
> 정겨운 고향 들판의 바람을 닮았다
> 어머니가 서서 기다리던
> 바람이 소리없이 오는 것 같았다
> 미소가 닳는 날에는
> 우체국에 가곤 한다
> 편지를 부치고
> 또 그렇게 그 길 위에서
> 노닥거릴 것이다
> ―「2가와 3가 사이@맨하탄」 전문

이 시는 이민자의 일상과 내면 풍경을 섬세하게 포착한 작품이다. 이메일 주소의 형식으로 적은 시의 제목은 고향의 집을 떠나 이국적 거리의 삶을 살아가는 이민자의 삶을 상징한다. 시인은 "맨하탄"의 "2가와 3가 사이"를 배경으로 우체국에 "편지를 부치러 가는 날"은 항상 "바람이 불었"는데, 이때 "바람"은 고향을 생각나게 하는 향수의 매개체이다. "맨하탄" 거리에서 맞이한 "바람"이 "정겨운 고향 들판의 바람을 닮았"기 때문이다. 더구나 그 "바람"은 "어머니"를 떠올리게 한다. 고향에서 살던 시절 언젠가 "바람" 부는 날 "어머니"가 귀가하는 자식들을 "기다리던" 모습이 겹치는 것이다. 그래서 시인은 이민 생활이 힘겨워 "미소가 닳는 날"마다 고향에 "편지를 부치"는 것이다. 하지만 "편지를 부치"고 난 후에는 자기 이민 생활의 고달픔이 기다리고 있다. "또 그렇게 그 길 위에서/ 노작거릴" 수밖에 없는 삶을 살아가야 한다. 낯선 이국땅에서 "길 위"의 삶", 고달픈 이주민의 삶은 항상 진행형이고, 그럴 때마다 향수를 달래기 위해 고향에 편지를 쓰는 것이다.

다른 시에서도 고향에 대한 그리움은 자주 드러난다. 예컨대 "설렘 내려놓고/ 떠나 버렸던 길// 가을 하늘엔 돌개바람 일고/ 타는 듯한 갈증이 이네"(「고향」)에서, 향수는 "타는 듯한 갈증"과 같이 간절한 마음이다. 또한, "외할머니 집은/ 새벽 안개 이는 논두렁 지나/ 어머니 그림자 있는 곳", "꿈길로만 다니던/ 그 집에/ 오늘은 그곳에 갑니다"(「외할머니 집」)에서, 고향은 "오늘"의 삶에서도 그대로 살아 있는 삶의 뿌리이다. 꿈길로만 다니던 외할머니 집에 실제로 찾아가는 과정을 통해, 고향은 현실과 기억, 꿈과 현실이 교차하는 공간으로 재구성된다. 이는 고향에 대한 그리움이 단순한 회상에 머물지 않고, 현재의 삶과 끊임없이 대화하는 살아있는 정서임을 보여준다. 이처럼 김학우의 시에서 고향은 단순히 돌아가고 싶은 과거의 장소가 아니라, 현재의 삶과 정체성을 규정하는 내면적 공간으로 확장된다.

3. 순수한 꿈과 아기 도마뱀의 달리기

머나먼 낯선 땅에서 이민자로 살아간다는 것은 참으로 고달프고 힘겨운 일이다. 그동안 살아왔던 모국에서의 모든 익숙한 것들을 포기하고, 낯선 것들로 둘러싸인 채 모든 것을 새로이 시작해야 하기 때문이다. 우선 언어 환경이 달라지면서 모국어를 버리고 이국의 언어를 사용해야 하는 데서 오는 불편이 크다. 사회적, 문화적, 지리적, 정치적 환경도 전연 다른 곳에서 살아가야 하는 것이다. 그러나, 이민자로서 디아스포라의 삶을 산다는 것은 이산의 아픔만을 의미하지는 않는다. 오히려 이국의 환경을 밑바탕 삼아 새로운 삶을 위한 밑바탕으로 삼아 개척자의 삶을 살아가기도 한다. 김학우 시인도 이러한 의미의 디아스포라라고 할 수 있다. 그의 시는 미국에서 만난 자연과 인간과의 동일시를 통해 새로운 삶의 의미를 드러내곤 한다.

나무는 집 안에 있는 것보다 들판을 좋아한다
주인이 물도 주고
영양제도 주고
잘 닦아 줘도
오히려 들판을 좋아한다
모진 바람에 잎이 지고
가지가 찢기어도
들판의 부는 바람에 시원해한다
아무리 주인이 애를 써도

간섭 없이 홀로 서는 것을 좋아한다
　　오늘도 이는 바람에
　　몸을 맡긴다
　　흩날리는
　　푸르른 그곳에서
　　표표히 유유자적 달려간다
　　―「나무는 들판을 좋아한다」 전문

　이 시에서 "나무"는 디아스포라를 비유한다. "나무가 "집"보다 "들판을 좋아한다"라는 것은 디아스포라의 삶이 지닌 야생성 혹은 개척자 정신을 강조한 것이다. 이때 "집"에서 "주인"의 보살핌 속에 사는 존재는 관습에 고착되어 피동적으로 살아가는 사람을 의미한다. 그러나, "나무"는 비록 "모진 바람에 잎이 지고/ 가지가 찢기"는 일이 있어도 "들판"의 삶을 살아가려는 존재이다. "들판"의 삶은 "간섭 없이 홀로 서는 것"으로서 자유와 자존을 지키면서 살아가는 것이다. 굳이 헤겔이 말한 노예의 변증법을 거론하지 않더라도, "집"의 삶이 "주인"에게 예속된 노예의 모습이라면, "들판"의 삶은 스스로 자유롭게 삶의 방향을 결정하는 주인의 것이다. 그리하여 "들판"의 "나무"는 기존의 관습이나 현실에 얽매이지 않으면서 새로운 삶을 지향하는 디아스포라를 상징한다.
　국외에서 살아가는 디아스포라는 처음에는 고립형으로 머무는 경향이 강하다. 하지만 거주 기간이 길어질수록 현지의 문화와 동화하려는 경향을 띠게 된다. 특히 이민 2세와 3세로 갈수록 현지의 자연이나 사람, 사회와 동화

경향이 뚜렷해진다.

> 발렌시아에 가을이 오면
> 그라지에 앉아
> 지나가는 차량과 사람들에게 손을 흔들 거예요
> 밀렸던 청소도 하고
> 꽃도 다듬어 주고
> 지나가는 차량들에게는 손을 흔들 거예요
> 간혹
> 같이 손 흔들어 주면
> 그 안에서 사람 냄새 나는 세상에 더욱 취하게 될 거예요
> 발렌시아에 가을이 오면
> 난 두어 시간 그냥 멍하니
> 구름과 하늘과 나뭇잎 떨어지는 가지를 바라볼 거예요
> 일주일 밀렸던 근심과 걱정과 사심을 그 안에 가둬둘 거예요
> 발렌시아에 가을이 오면
> 지나가는 사람들을 바라보며
> 지나간 시간과 조용히 친해질 거예요
> ―「발렌시아에 가을이 오면」 전문

이 시는 이방인으로서의 정체성과 소외감, 그리고 새로운 공간에 정서적으로 적응하려는 소망을 보여준다. 시의 화자는 "발렌시아"라는 구체적 장소에서 "그라지에 앉아"서 "지나가는 차량과 사람들에게 손을 흔들"려고 한다. 이것은 이민의 현지에서 살아가는 사람들과 소통하려는 시

도이다. 낯선 땅에서의 외로움과 단절감을 "손 흔드"는 행위로 극복하려고 하는 것이다. 간혹 누군가가 "같이 손 흔들어" 줄 때면 "사람 냄새 나는 세상에 더욱 취하게 될 거"라는 구절은 흥미롭다. 이는 타지에서의 인간적 교류가 얼마나 소중한지, 그것이 이방인의 삶에 얼마나 큰 위안과 소속감을 주는지를 알려준다. 또한, "밀렸던 청소"와 "꽃을 다듬는" 일상적인 행위를 통해 낯선 공간을 점차 삶의 터전으로 만들어가는 모습이다. 이것은 디아스포라가 새로운 환경에 적응하며 살아가는 과정을 상징한다. 또한, "구름과 하늘, 나뭇잎 떨어지는 가지"를 바라보면서 "근심과 걱정과 사심을 그 안에 가둬두겠다"라는 시구는, 이방의 시간 속에서 쌓인 소외감과 고독감을 극복하고자 하는 의지로 읽힌다. 마지막 연에서의 "지나간 시간과 조용히 친해질 거예요"라는 시구는, 과거의 고달팠던 이민 생활마저 있는 그대로 수용하여 극복하고자 하는 태도를 보여준다.

  새로운 삶, 그것은 편안한 삶을 포기하고 머나먼 이국 땅으로 떠나온 디아스포라의 꿈이자 희망이다. 이 시집에 자주 등장하는 달의 세계는 현실 너머에 존재하는 어떤 이상적인 세계를 상징한다. 달은 보통 죽음과 단절을 넘어선 반복되는 회귀, 죽음 이후의 부활과 영원한 생명의 세계를 상징한다.

    달빛 아래 꽃들과
    세월에 헤진 꽃들이 너스레를 떤다

세상은 시끌한데 평안하시냐고

　　태양 아래 숨죽였던 꽃들
　　어둠에 피어났던 꽃들
　　어우러져
　　그리워했던 날들에
　　상처 난 왕관을 씌우며
　　헤진 세월을 깁고 있다

　　밤의 꽃이라고
　　어둠 속에서 춤을 추지 말라는 법은 없지

　　달빛 아래서도 꽃은
　　피고 지고

　　밤하늘은
　　오늘 밤도
　　가로등을 푸르게 달구고 있다
　　―「달빛 아래서도 꽃은 핀다」 전문

　이 시는 "밤" 혹은 "달빛"으로 상징되는 디아스포라의 열악한 환경 속에서도 희망의 "꽃"을 피우는 모습을 노래한다. "세월에 헤진 꽃들"은 시간의 흐름 속에서 상처 입고 지친 이들의 모습을 상징하면서 고향을 떠나 타지에서 살아가는 디아스포라의 운명과도 맞닿는다. "세상은 시끌한데 평안하신가"라는 구절은 소란한 현실과 내면의 평안을 대조하면서 이방인으로서의 소외감과 내적 갈등을 드러낸다. 그런데 정작 중요한 것은 "달빛 아래 꽃들"이다. 그것은 "태양 아래 숨죽였던 꽃들/ 어둠에 피어났던 꽃들"은 시련을 딛고 극복하여 더 나은 세계로 나가는 역설적 존재이다. "상처 난 왕관", "밤의 꽃"은 그러한 존재이다. 그것은 "녀석이 떠나간 흙 위로/ 어제는 장미꽃이 피었고/ 흐르도록 많은 물을 뿌려주었다"(『도마뱀 7월에 죽다』)라는 시구에서처럼, "도마뱀"의 죽음이 "장미꽃"이라는 새 생명으로 다시 태어나는 일과 다르지 않다. 다른 시에서 "악어가 꽃이 되는 세상"(『꽃악어』)을 꿈꾸는 것도 마찬가지다.

디아스포라의 삶을 살아가면서 겪은 온갖 "상처"와 "밤"과 같은 절망적인 상황, 그것이 오히려 "왕관"과 같이 숭고하고 "꽃"과 같이 아름다운 존재도 거듭나는 계기로 삼은 것이다. 특히 "밤의 꽃"이라는 이미지는 시련 속에서도 삶을 포기하지 않고 살아가는 존재의 강인한 모습을 상징한다. "어둠 속에서 춤을 추지 말라는 법은 없지"라는 구절은 역경 속에서도 희망과 생명력을 잃지 않는 디아스포라의 개척자 정신을 강조한다. 마지막으로, "가로등을 푸르게 물들이는" 밤하늘의 이미지는, 이방의 땅에서도 새로운 빛과 아름다움을 만들어내는 디아스포라의 새로운 가능성을 드러낸다. 이것은 "달에게로 가는 역은 어디 있는가/ 닿을 수 없어 서 있던 시간들"(『초월』)을 극복하고자 하는 의지와 맞닿는다.

시인은 어둠으로 상징되는 고달픈 디아스포라의 삶을 초월하기 위해서 때 묻지 않은 신비롭고 순수한 세계를 추구하기도 한다. 현실 너머의 세계는 "비 내라는 마을은 샤갈을 닮았다/ 몽환같은 파란 원색이 샤갈을 닮았다"(「비 내리는 샤갈의 마을」)에 등장하는 "마을"과 같은 곳이다. 그곳은 신비한 세계로서 순수한 존재가 아름다운 꿈을 꾸는 시적 공간이다.

달마중 가는 아이
횃불 들고 강가로 가는 아이
찌그러진 달을 감상하는 아이

시월에 뜨는 강은
온통 시끌하였다
그래서 아이들은 햇볕처럼 반짝이었다

사랑을 하다 앓아 죽은 처녀의 이야기는
아이들의 입을 타고 열녀라 칭해졌다
그래서 아이들은 사랑을 미워했다

날마다 강은
달에서 흘러내린 샘물을 조금씩 마셨고
강과 달은 어둠을 새에 두고 소근거렸다
그 후로 아이들은 강과 달과 어둠이 시가 되길 원했다

강가에다
순애의 묘령제를 올리던 날
아이들은

시월에 뜨는 강은 아름답다 하였다

불씨가 확 오른다
달마중 가는 중이다
―「시월에 뜨는 강」 전문

이 시는 "달마중 가는 아이"의 이미지를 통해 한편의 동화처럼 순수하고 신비로운 세계를 독특하게 그려낸다. 우선, 시의 제목에서 "뜨는 강"이라는 비문법적 표현을 통해 자연에 대한 새로운 감각과 시적 상상력을 보여준다. "강"이 단순히 흐르는 자연물이 아니라, "시월"의 밤에 "달"과 함께 떠오르는 신비롭고 생명력 있는 세계로 재해석된다. 이 세계에서 "아이들"이 "횃불 들고 강가로" 나가 "찌그러진 달을 감상"하는 모습은 순수와 비순수, 혹은 이상과 현실을 대조한다. 이것은 현실의 불완전함 속에서도 아름다움을 찾으려는 순수한 태도를 상징한다. "시월의 강"은 "온통 시끌"한 가운데 "아이들은 햇볕처럼 반짝"거린다는 것도 그러한 의미로 읽힌다. 생기 넘치는 아이들의 모습을 통해 자연과 어우러진 동심의 세계를 드러낸 것이다. 그런데, "사랑을 하다 앓아 죽은 처녀"의 이야기가 등장하면서, 순수한 세계에 슬픔과 두려움이 스며든다. "아이들"은 그녀를 "열녀"라 부르면서도 동시에 사랑을 미워하게 된다. 어른들의 세계에서 전해진 비극이 "아이들"의 마음에 상처를 남기고, 사랑에 대한 두려움을 갖게 한 것이다.

그러나, "강"은 언제나 "달에서 흘러내린 샘물"을 마시고, "강과 달은 어둠을 사이에 두고 소곤거렸다"라고 한다. 비극적 현실 가운데서도 자연의 신비와 조화, 그리고 그 속에서 아이들이 시적 상상력을 키워가는 모습이다. "아이들"은 강과 달, 어둠이 시가 되길 원하며, 자연과 삶의 비밀을 시로 승화시키려는 욕망을 드러내는 존재이다. 뒷부분에서 "아이들"은 "순애의 묘령제"를 올리며, "시월에 뜨는 강은 아름답다"라고 한다. 이 시구는 현실적 삶의 슬픔과 상처를 의식하면서도, 여전히 세계의 아름다움을 발견하고자 하는 "아이들"의 순수함을 강조한다. "불씨가 확 오른다"라는 표현은 새로운 깨달음이나 희망의 시작을 상징하며, "달 마중" 가는 "아이들"의 모습은 어둠의 현실 속에서도 순수와 희망을 잃지 않으려는 마음을 상징한다. 그들은 니체가 말했던, 순수하고 창조적인 존재를 상징하는 어린이의 모습과 다르지 않다.

그런데, 현실에서는 이처럼 아름답고 순수한 세계를 지향하는 마음과 반대의 상황이 펼쳐지곤 한다. 이때 시인은 세상에 대한 비판적 목소리를 높인다. 디아스포라의 현실 비판은 주류 사회가 이민자들에게 가하는 다양한 형태의 폭력성에 초점을 맞춘다.

> 높은 곳에 서면 세상이 너무 멀리 있습니다
> 점점이 있을 뿐 잘 보이지가 않습니다
> 낮은 곳에선 앞이 꽉 막혀 있습니다
> 숨이 막혀 옵니다
> 하늘엔 까마귀 떼 날고
> 피해 보려 발버둥 치지만
> 만만치 않습니다

오랫동안 고개를 세워야 할 수 있는 일

쉽지가 않습니다

그냥 풀섶만 달립니다

애꿎은 개미 떼만 훑어 먹습니다

의미가 있어서 하는 일이 아닙니다

이렇게라도 하지 않으면 견딜 수가 없기 때문입니다

세상은 큰 놈에 도전하라고 외치지만

그러기엔 너무 작고 보잘 것이 없습니다

할 수 있는 일은

그저 풀섶을 달리고 달릴 뿐입니다

―「아기 도마뱀 세상을 보다」 전문

  이 시는 "아기 도마뱀"을 통해 디아스포라가 겪는 무력감과 소외감 속에서 생존하고자 하는의지를 상징적으로 보여준다. 공간 배경인 "높은 곳"과 "낮은 곳"은 디아스포라가 경험하는 이중적 세계를 상징한다. "높은 곳"은 디아스포라에게 동화를 강요하는 주류 사회이고, "낮은 곳"은 소외와 차별로 인해 "숨이 막혀 오"는 디아스포라의 공간이다. 또한, "까마귀 떼"는 주류 사회의 폭력성을 상징한다. 디아스포라에게 주류 사회의 제도적 억압은 피할 수 없는 적대적 환경이어서 "피해 보려 발버둥 치지만/ 만만치 않"다. 하지만, 이 열악한 환경 속에서 "아기 도마뱀"은 "풀섶만 달리"면서 보잘것없는 "개미 떼만 훑어 먹"는 행동을 한다. 이 행동은 어려운 환경 속에서도 생명력을 이어가기 위한 행동, 혹은 디아스포라가 처한 주류 사회의 폭력적 현실에 대한 소극적 저항이다. "의미가 있어서 하는 일이 아니"지만, "이렇게라도 하지 않으면 견딜 수 없기 때문"이라는 시구도 그러한 사정을 반영한다. 디아스포라를 비유하는 "아기 도마뱀"의 행동은, 호미 바바가 말한, 주류 문화를 모방하며 생존하는 소수자의 전술인 미미크리mimicry와도 상통한다.

 부조리한 세상을 비판하는 시선은 디아스포라 현실뿐만 아니라 현대 사회 전반에 관한 것으로 이어지기도 한다. 가령 "한두 개의 가면은 다 우리 속에 있기에/ 벗는 순간이 오는 것을 두려워한다"(「가면」)에서, 가식적 삶을 용인하는 사회를 비판한다. "어디로 가야 하는 것일까/ 지친 발걸음// 세상은/ 온통/ 유혹을 물들었는데"(「이브의 가을」)에서는 진실보다는 욕망의 "유혹"이 미만한 사회를 문제 삼고 있다. 또한, "나 돈이다/ 내 앞에서 무릎 꿇어라"(「돈의 생각」)에서는 물질만능주의를 질타한다. "돼지는 오로지 자기 수만 읽는다/ 남의 수는 보지 못한다/ 자기 밥그릇만 열심히 챙긴다", "효율성 좋은 돼지가 빨리 죽는 이유다"(「돼지의 역설」)에서는 이기적 욕심이 결국은 자멸의 길을 재촉하는 인간의 어리석음을 풍자한다. 이렇듯 김학우 시는 부조리한 세상과 그러한 세상에 부화뇌동하는 인간에 대한 비판적 인식을 빈도 높게 보여준다.

4. 나를 돌아보는 나

 김학우 시가 나의 내면에 자리한 나와의 대화라고 말할 때, 그 대화의 종착점은 성찰적 자기 인식이다. 성찰은 자기의 삶에 반성을 토대로 자기 자신을 깊이 들여다보고 이해하고자 하는 정신적 행위이다. 인간은 성찰을 통해 삶의 방향성과 존재의 의미를 재정립하는 계기로 삼기 마련이다. 또한, 시적 성찰은 시인이 자신의 감정, 생각, 경험을 깊이 돌아보면서 삶과 언어에 대한 새로운 관점을 얻는 계기이다. 이 새로운 관점이 바로 관습적인 사고에서 벗어나 창의적인 상상을 하는 토대가 된다.

> 한 해가 가고 새해가 온다고 하는데
> 달도 같은 달이 떴고 해도 같은 해가 떴네요
> 팬더믹이라고 그렇게 요동치고 난리 치지만
> 밖을 보니 바람, 구름, 나무, 다람쥐, 하늘 모두 한결같습니다
> 바이러스를 피하라고 아우성치지만
> 그저 애매하게 인간들만 피해 다니는군요
> 간격이 더 벌어졌네요
> 수없이 버려지는 쓰레기
> 삐라처럼 뿌려지는 화폐는
> 미래 세대의 어깨만 짓눌러 놨군요
> 오늘 우리가 살기 위한 몸부림에 내일이 아프게 다가오는군요
> 오늘이 지나면
> 새날이 온다고
> 우리는 또 난리법석입니다
> 어떤 때는 다람쥐보다 더 호들갑을 떠는 것이 인간들입니다

지난 한 해 많이 초조했습니다
버려진 쓰레기는 보지 않으려고 했습니다
내가 살기 위해 우리는 서로를 멀리했습니다
이기적이고 배타적인 시간이었습니다
반성합니다 2020
―「2020 반성문」 전문

  이 시는 "팬데믹"이라는 전대미문의 상황 속에서 인간이 겪은 혼란과 불안, 그리고 그에 대한 성찰을 담담하게 그려낸다. 시인은 인간 사회에서 "한 해가 가고 새해가 온다"라고 호들갑을 떨지만, 자연은 "바람, 구름, 나무, 다람쥐, 하늘 모두 한결같"이 변함이 없다는 점을 강조한다. "바이러스"라는 위기 앞에서 인간만이 허둥대면서 "간격" 두기와 마스크와 백신 쓰레기의 양산, "삐라처럼 뿌려지는" 국가 지원 등으로 소란스럽다. 이 모든 것이 "미래 세대"의 부담으로 작용한다는 점을 비판하고 있다. 즉 "오늘 우리가 살기 위한 몸부림에 내일이 아프게 다가온다"라는 사회적 문제를 지적한다. 자연의 평온함과 인간의 이기적이고 배타적인 태도와 호들갑을 대조하면서 자기반성과 사회적 성찰을 강조하는 것이다. 마지막 시구인 "반성합니다"라는 고백은 단순히 개인적 반성을 넘어서, 더 나은 내일을 위한 다짐이라는 점에서 가치가 있다.

  이 시집은 지금까지 살펴본 대로 디아스포라로서 나의 내면을 탐구하고 있다. 그 내용은 이민자로서 고달픈 유랑 생활, 새로운 세계를 꿈꾸는 의지, 고향 상실의 아픔과 그리움, 사회 현실에 대한 비판 정신 등이다. 덧붙여 이 시집은 언어, 민족, 국가를 넘나드는 경계인의 시학을 실천하고 있다는 점에서 주목할 만하다. 특히 이 시집의 2부는 1부의 한글시를 번역한 영어시로 구성했다는 점은 눈여겨볼 만하다. 이는 디아스포라 시문학에서 자주 논의되는 언어 의식, 즉 모국어와 현지어 사이의 이중 언어 현실을 반영한다. 시인은 영어로 번역된 자신의 시를 통해, 이중적 정체성과 언어적 경계, 그리고 문화적 혼종성을 드러낸 것이다. 가령 「고향」의 영어 번역본인 "Hometown"은, 한국어의 정서와 영어의 간결성이 미묘하게 교차하면서 언어적 경계와 문화적 혼종성이 자연스럽게 드러난다. 이는 디아스포라 시가 민족, 언어, 문화의 경계를 넘나들며, 안과 밖의 경계에 선 존재의 내면을 탐구하는 방식이라는 점과 적실히 어우러진다. 이 글의 제사題詞에서 보았듯이, 디아스포라의 굴곡진 현실 너머에서 "강과 달과 어둠이 시가 되길 원했"던 "아이들"의 소망이 이루어진 셈이다.

김 학 우

김학우 시인(미국명: Paul Kim)은 2000년 미국으로 이주한 뒤, Pacific States University에서 경영학 박사 과정을 이수하고, 현재 American West College 경영학과 교수로 재직 중이다. 또한 15년째 Los Angeles에서 Farmers Insurance Hyun Kim Agency를 운영하고 있다. 그는 『문학세계』를 통해 등단하였으며, 고원문학상 시 부문 신인상을 수상했다. 재미시인협회 사무국장 및 이사를 역임하는 등 문단 활동도 활발히 이어가고 있다.

김학우 시인의 첫 시집 『유랑』은 디아스포라로서의 자아를 성찰하는 작품이다. 이 시집은 이민자로서 겪는 고단한 유랑의 삶, 새로운 세계를 향한 열망, 고향 상실의 아픔과 그리움, 사회 현실에 대한 비판 의식을 담고 있다. 더불어 언어, 민족, 국가의 경계를 넘나드는 '경계인의 시학'을 실천하고 있다는 점에서 주목할 만한 작품이다.

이메일   payakim@gmail.com

김학우 시집
유랑

발 행	2025년 7월 23일
지은이	김학우
펴낸이	반송림
편집디자인	반송림
펴낸곳	도서출판 지혜, 계간시전문지 애지
기획위원	반경환
주 소	34624 대전광역시 동구 태전로 57, 2층 도서출판 지혜
전 화	042-625-1140
팩 스	042-627-1140
전자우편	eji@ji-hye.com
	ejisarang@hanmail.net
애지카페	cafe.daum.net/ejiliterature

ISBN   979-11-5728-579-2   03810
값   12,000원

이 책의 판권은 지은이와 도서출판 지혜에 있습니다.
양측의 서면 동의 없는 무단 전제 및 복제를 금합니다.